冬のかぎ針あみこもの

Ronique
[ロニーク]

文化出版局

Contents

おでかけこもの

4色づかいの模様編みキャップ	06/44
編込みハンドウォーマー	07/38
ヘリンボーン長編みのベレー	08/40
ワンハンドルバッグ	09/42
アラン模様のキャップ	10/37
ハニカム模様のショルダーバッグ	11/46
モヘアの包み編みカウル	12/45
刺繍飾りのミトン	13/48
冬のかごバッグ	14/50
フリンジつきショール	15/52
ビーズ編みポーチ	16/54
ビーズ編みリストウォーマーとブレスレット	17/56
アシンメトリーなショール	18/57
編込みトートバッグ	19/58

おうちこもの

アラン模様のブランケット ⋯⋯⋯⋯⋯⋯⋯⋯⋯ 21/60

パイナップルレースのショール ⋯⋯⋯⋯⋯⋯ 22/62

モカシンルームシューズ ⋯⋯⋯⋯⋯⋯⋯⋯⋯ 23/64

ボアつきルームブーツ ⋯⋯⋯⋯⋯⋯⋯⋯⋯⋯ 24/66

スパイラルティーコゼー ⋯⋯⋯⋯⋯⋯⋯⋯⋯ 25/70

ワンウェイソックス ⋯⋯⋯⋯⋯⋯⋯⋯⋯⋯⋯ 26/67

リーフ模様のレッグウォーマー ⋯⋯⋯⋯⋯ 28/71

キリム柄の湯たんぽカバー ⋯⋯⋯⋯⋯⋯⋯⋯ 29/72

モチーフつなぎのブランケット ⋯⋯⋯⋯⋯ 30/74

編み方ポイント ⋯⋯⋯⋯⋯⋯⋯⋯⋯⋯⋯⋯⋯⋯ 32

かぎ針編みの基礎 ⋯⋯⋯⋯⋯⋯⋯⋯⋯⋯⋯⋯ 76

おでかけこもの

***

　編み物といえば、家の中にこもって黙々と手を動かしているシーンが思い浮かぶけど、おでかけこものを編むときの気持ちって、実はけっこう外向き。

　完成した帽子をかぶっておでかけするイメージは、編み進めるための大きな励みになってくれるから。そして、実現できたときのうれしさは、がんばって編んだことへのご褒美みたい。よく気がつく友達は、新しい帽子が手編みだってことをほめてくれるかも。

　さて、この冬は何を編もうか。いつも編みたくなるのは、手間をかけずに編めて、さり気なく使えるもの。カウルやベレーは簡単そう？ ビーズ編みの手始めはブレスレットかな。長い休みには、はじめての編み方に挑戦してみてもいい。ワードローブを確かめたら、似合いそうな毛糸の色を考えておかないと。日が短くなるのは寂しいけど、その分長くなった夜に編み物をしよう。冬のおでかけがもっと楽しくなるから。

4色づかいの模様編みキャップ

木枯しが吹いたら、おしゃれをしたくなるのはなぜだろう。
明日かぶりたい帽子は、編込みよりも楽をして、
多色づかいの模様編みで。

see page » 44

編込みハンドウォーマー

see page » 38

人と違ってもいいよね。ボスニアンクロッシェのフックより、
かぎ針で引抜き編みするほうが楽しければ、
素直にかぎ針を持ってみる。

07

ヘリンボーン長編みのベレー

手に覚えさせるのは、いつもと違う長編みだけ。
増し目の法則性を覚えたら、続きは本を開かず、
あのカフェで編んでもいい。

see page » 40

ワンハンドルバッグ

see page » 42

みんなからのほめ言葉に「ありがとう」だけじゃ足りなくて、
モチーフ2枚でできているんだよって、
つい説明したくなる。

アラン模様のキャップ

see page » 37

帽子に視線を感じて、かぶっていることを思い出した日。
立体的なツリー柄、かぶりやすさ。
いつの間にかおでかけの定番になってた。

ハニカム模様のショルダーバッグ

see page » 46

ハチには角度が分かるんだって。
引上げ編みのハニカムは編み図が分かれば大丈夫。
肩から落ちにくいバッグを持つと、働き者になれそう。

モヘアの包み編みカウル

すぐ完成したなんて誰も気づかないみたい。
かぎ針編みだってことも、包み編みだってことも。
空気感が伝わるだけで充分？

see page » 45

刺繍飾りのミトン

ミトンは優しい。まぁるくて、あったかい。
仕上げのアクセントを刺繍しながら、
オーロラでも見に行きたいね、なんてつぶやいてた。

see page » 48

冬のかごバッグ
see page » 50

毛糸でかごを編んでも、底を2重にしても、
それって自由の範囲内。
夏がうらやむくらいの、冬のかごが欲しかったから。

フリンジつきショール

目に飛び込んだのは形?
フリンジ? それともリング編み?
ショールの巻き方が変わっても、
私だと気づいてくれるでしょ。

see page » 52

ビーズ編みポーチ

ビーズと毛糸から生まれた、冬の日のポーチ。
中に何をしのばせようかと悩む時間も楽しい。
次はプレゼントにして誰かを驚かせよう。

see page » 54

ビーズ編みリストウォーマーとブレスレット

クロゼットの衣替えをしたら、アクセサリーも冬支度。
ふと違う色でも編みたくなって、
北風の中、手芸屋さんに向かってた。

see page » 56

アシンメトリーなショール

法則性もいいけど、たまには道なき道を行く。
対称を非対称にしてみる。
進むには、編み図をガイドに2つの編み地を繰り返すだけ。
see page » 57

編込みトートバッグ

編込みの模様ができ上がってくると、
手が止まらなくなるのが悪い癖。すぐに完成したのは、
ごはんの時間を過ぎても誰も注意しなかったから。
see page » 58

おうちこもの

　好きな糸で編んだこものをおうちの中で使うって、なんだか贅沢。はじめは、もったいなくて使えない、なんて気持ちにもなるけど、ちらほら毛玉がつきはじめたって愛着は深まるばかり。お手製のおうちこものが増えてから、家にいるのがますます好きになったみたい。
　すっかり寒くなってしまう前に、冬のお部屋に必要なものを探しておこう。いちばん冷える足もとにはソックス、簡単なら洗い替えまで編んでもいい。ブランケットは、編んでいるときからあたたかくて心地よいけど、きっとソファでウトウトしてしまうから要注意。裏口からそのまま買い物に行ってしまえるようなショールも、持っていなかったっけ。そしてこの冬は、遊びに来てくれた友達に、ティーコゼーを着せたポットで温かい紅茶を出してあげよう。
　あとは、夏糸でいっぱいの棚をかたづけて、冬糸を買いに行けば準備万端。そんなことを考えてたら、いつの間にか冬が待ち遠しくなってた。

アラン模様のブランケット

アランって縦に編む？ 横に編む？
かぎ針編みなのだし、縦のものを横にしてみてもいい。
革新的でも、アラン毛布のある午後は平和。
see page » 60

パイナップルレースのショール

何でも、どちらかを選ぶのは難しい。
かわいいも好きだし、かっこいいも捨てがたい。
マニッシュなボーダーとフェミニンなレースも。

see page » 62

モカシンルームシューズ

モカシンみたいな顔をしてるけど、複雑じゃない。
糸つぎもない。甲の高さや幅のアレンジもできるから、
セミオーダーの靴屋になった気分。

see page » 64

ボアつきルームブーツ

北方圏の外靴にするなら、すきま風に凍えそうだけど、
我が家ではこれ。パッと編んだあとは、
足もとの寒さを気にせず映画が観れるだけでいい。

see page » 66

スパイラルティーコゼー

冷えた朝も退屈な昼も、そばには温かい紅茶。
服を着たティーポットはなじみの友達みたい。
ひねくれものに見えて、編み方は実にストレート。

see page » 70

ワンウェイソックス

靴下を編むのは面倒? 棒針編みがいい?
ここに簡単なかぎ針編みのソックスがあるのだけど。
最後まで出番がない、ってハサミが怒るくらい。

see page » 67

リーフ模様のレッグウォーマー

秋の夜長に静けさが似合うなら、編むのはこのレッグウォーマー。
記号をとなえているうちに、
いつの間にか夜が深まっているはず。

see page » 71

キリム柄の
湯たんぽカバー

この巾着に、家では湯たんぽ、旅行では
着替えを入れようなんて計画はナイショ！
そうだ、編込みが楽しいのだから、
色違いも編もう。

see page » 72

モチーフつなぎのブランケット

編むより使うことに時間をかける「忙しい人のブランケット」。
4つのモチーフをはぎ合わせ、縁を編んで……
完成したのは何度目の週末だったかな。

see page » 74

編み方ポイント

page » 07/38

編込みハンドウォーマー

※写真では、わかりやすい色で解説しています。

伸縮性のある作り目

❶鎖編みを2目編み、1目めの鎖半目と裏山に針を入れます。

❷糸をかけて引き出します。

❸糸をかけて矢印のように引き出します。

❹糸をかけて2ループを引き抜きます。

❺伸縮性のある作り目が1目編めました。

❻手前の半目と裏山に針を入れ、❷～❺を繰り返します。

❼2目めが編めました。

❽繰り返して39目作ります。

❾最初の目の頭2本に針を入れ、糸をかけて引き抜きます。

❿伸縮性のある作り目が編めました（これが1段めになります）。

バックループ編み（向う側半目を拾う）

❶立上りの鎖1目を編み、前段の目の向う側の鎖半目をすくいます。

❷糸をかけて引き抜きます。

❸バックループ編みが1目編めました。

❹❶～❸を繰り返します。段の終りは、作り目の❾と同様に最初の目の頭2本に引き抜きます。

バックループ編みの編込み模様　　増し目

❶立上りの鎖1目を編み、前段の向う側の鎖半目をすくいます。

❷配色糸（生成り）を針にかけて引き抜きます。次の目も同様に編みます。

❸3目めはグレーで引き抜きます。❷、❸を繰り返して1周編みます。

❹段の終りは目の頭2本に針を入れて、グレーで引き抜きます。

7段めの指定の位置で同じ目に2度引き抜き、1目増します。

フロントループ編み(手前側半目を拾う)の編込み模様

❶立上りの鎖1目を編み、前段の手前側の鎖半目をすくいます。

❷配色糸(生成り)を針にかけて引き抜きます。次の目も同様に編みます。

❸3目めは地糸(グレー)を針にかけて引き抜きます。

❹引き抜いたところ。3目編めました。

❺「地糸で3目、配色糸で3目編む」を繰り返します。

❻段の終りは、最初の目の頭2本に針を入れ、配色糸をかけて引き抜きます。

❼1段めが編めました。2段めも❶～❺と同様に編みます。

❽2段めの終りは、グレーで引き抜きます。3、4段めは地糸と配色糸を逆に編みます。6目4段一模様を繰り返します。

親指穴(右手)の編み方

❶親指位置の手前まで編んだら、配色糸(左手親指は地糸)で鎖7目を編みます。

❷前段の目を7目とばして拾い、地糸をかけて引き抜きます。編まない糸は、長く渡るため、つれないように注意します。

❸次段は鎖編みの手前側の半目を拾って編みます。

❹編み図どおり24段まで編みます。

減し目

❶25段めの減し目は、指定の2目に糸をかけて引き出し、3ループを一度に引き抜きます。

❷引き抜いたところ。1目減りました。

バックループ編みで縁編みを3段編み、本体が編めました。

親指穴の縁編み

❶目の頭2本に針を入れ、地糸をつけて引き出します。

❷渡り糸を編みくるむように糸をかけ、立上りの鎖1目を編みます。

❸❷と同じところに細編みを編みます。次の目は矢印の位置に針を入れて編みます。

❹繰り返して細編みを7目編みます。

❺脇は矢印の位置に針を入れて細編みを編みます。

❻細編み1目が編めました。残りの8目も同様に編みます。

❼最初の目の頭2本に針を入れて、引き抜きます。

❽親指穴の縁編みが編めました。

---

page » 16/54

ビーズ編みポーチ

☆一度にすべてのビーズを通すと、ビーズを送りながら編み進めるのが大変です。
最初は半分くらいのビーズを通して編み、ビーズがなくなりそうになったら、糸を切って残りのビーズを通して編みます。

ビーズの通し方

❶ビーズ通しを使って、糸に使用するビーズの半分くらいを通します(☆)。

鎖編み

❷立上りの鎖編みを2目編み、ビーズを根もとに送ります。

❸糸をかけて引き抜きます。立上りの鎖3目が編めました。ビーズは向う側に出ます。

おすすめツール

ビーズ通し(KAWAGUCHI)

長編み

❹前段の目にかぎ針を入れ、糸をかけて引き出し、ビーズを根もとに送り、長編みを編みます。

❺長編みが編めました。

❻ビーズが裏側に出るため、編み地の裏側を表にします。

page » 12/45

モヘアの包み編みカウル

※写真では、わかりやすい糸で解説しています。

細編みの包み編み

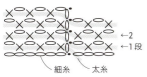

太糸＝ハマナカ ドゥー！
細糸＝ソノモノヘアリー

1段め

❶細糸で鎖編みの作り目をし、最初の目に引き抜いて輪にします。作り目の上に太糸を置きます。

❷糸をかけて引き抜きます。

❸引き抜いたところ。これが立上りの鎖1目です。細糸で太糸を編みくるんだ状態になります。

❹鎖の裏山にかぎ針を入れ、糸をかけて引き出します。

❺糸をかけて引き抜き、細編みを編みます。

❻細編み1目が編めました。

❼鎖1目を編みます。

❽作り目の鎖1目をとばして、次の裏山にかぎ針を入れ、❹〜❼と同様に細編みを編みます。

❾繰り返して1周編みます。

❿1段めの終わりは、最初の細編みの頭2本にかぎ針を入れ、糸をかけて引き抜きます。

2段め

⓫1段めが編めました。

⓬鎖2目を編みます。

⓭前段の鎖編みを束(そく)に拾って、細編みを編みます。

⓮細編みが編めました。編み図どおりに編み進めます。

35

フリンジつきショール

リング模様編み

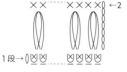

1段め

❶立上りの鎖1目を編み、手前の1本を拾います（筋編み）。

❷針を入れたところ。

❸左手の指先2本で糸を押さえます。

❹糸を押さえたまま、糸をかけて1ループを引き出します。

❺糸をかけて2ループを引き抜き、細編みを編みます。

❻1目編めました。左手の指先をはずします。

❼リングは編み地の裏側に出ています。

❽❶〜❼を繰り返します。1段めが編めました。

2段め

❾立上りの鎖7目を編み、リング2本に針を入れます。

❿リング2本を持ち上げます。

⓫糸をかけてリング2本から引き出し、細編みを編みます。

⓬細編み1目が編めました。リングの中に針を入れて、細編みをもう1目編みます。

⓭一模様が編めました。

⓮❿〜⓬を繰り返します。

⓯リング模様編みが編めました。

page » 10

アラン模様のキャップ

[糸]　DARUMA シェットランドウール　グレー(8)75g
[用具]　7/0号かぎ針
[ゲージ]　模様編み　14目(一模様)が8cm、8.5段が10cm
[サイズ]　頭回り56cm、深さ21cm
[編み方]　糸は1本どりで編みます。
伸縮性のある作り目で編み始め(p.32参照)、最初の目に引き抜いて輪にします(ここでは作り目を段数に数えません)。模様編みを11段増減なく編みます。トップは図のように減らしながら編み、編終りの糸端を30cmくらい残して切ります。最終段の長編みの頭に糸を通して絞ります。

　= 長編み2目の玉編みの表引上げ編み

　= 長々編み2目の玉編みの表引上げ編み

　= 長編み2目の玉編みの表引上げ編みと
　　長編みの2目一度

　= 長々編み2目の玉編みの表引上げ編みと
　　長編みの2目一度

　= 長編み2目の玉編みの表引上げ編みと
　　長編みの3目一度

　= 長編み表引上げ編み2目一度

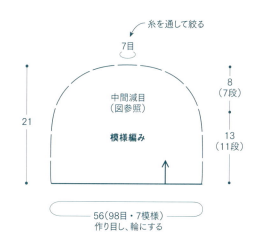

模様編み

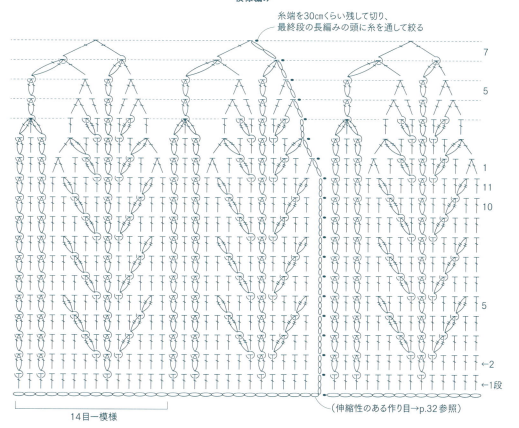

page » 07

編込みハンドウォーマー

- [糸] パピー ブリティッシュエロイカ 濃紺(102)47g、ベージュ(143)27g
- [用具] 7/0号、8/0号かぎ針
- [ゲージ] 編込み模様　19.5目17段が10cm四方
- [サイズ] てのひら回り20cm、長さ18.5cm
- [編み方] 糸は1本どりで、指定の配色で編みます。

☆編み方ポイントはp.32〜34にあります。
7/0号針で伸縮性のある作り目で編み始め、最初の目に引き抜いて輪にします(ここでは作り目を1段と数えます)。8/0号針に替えてバックループ編みで3段めまで編み、4段めは編込み模様で編みます。7段めは指定の位置で増し目をします。次の段からフロントループ編みの編込み模様で編み、18段めで親指穴をあけます。25段めは7/0号針に替えて減し目をします。バックループ編みで3段編みます。親指の縁編みを細編みで1段編みます。

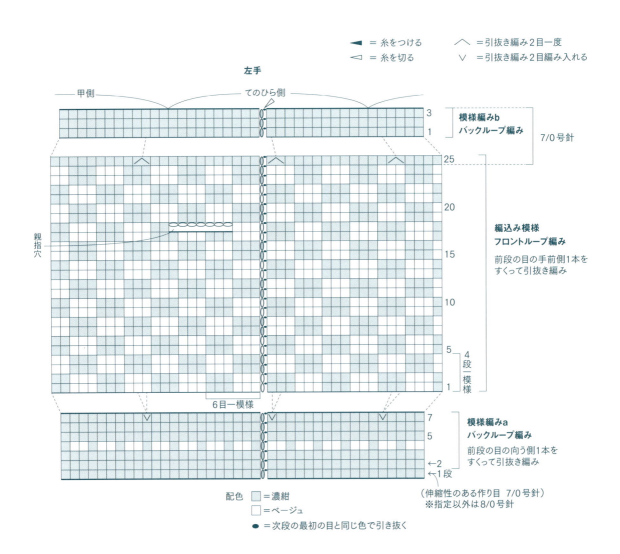

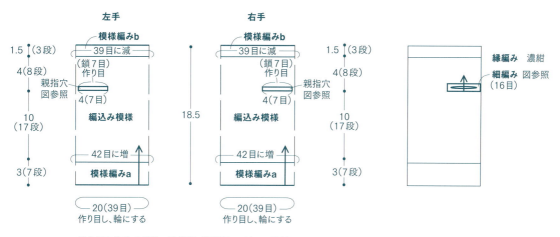

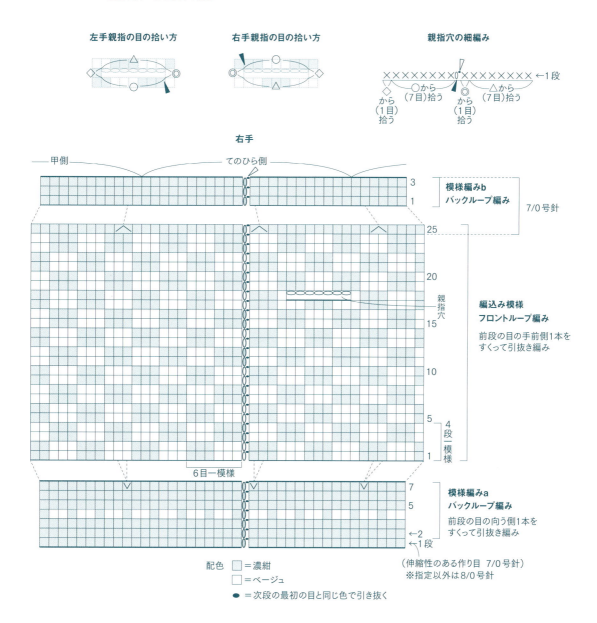

ヘリンボーン長編みのベレー

[糸] 　パピー ブリティッシュエロイカ
　　　　グレーとベージュのミックス(173)65ｇ
[用具]　8/0号かぎ針
[ゲージ]　変り長編み　12目7.5段が10cm四方
[サイズ]　頭回り50cm、深さ19cm
[編み方]　糸は1本どりで編みます。

輪の作り目をして編み始めます。1段めは細編み、2段めから変り長編みで増減しながら14段編みます。縁編みは細編みを1段編みます。トップの飾りは、スレッドコードで5目編み、ベレーのトップにとじつけます。

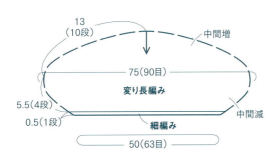

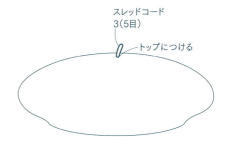

ヘリンボーン長編み

❶糸をかけて前段の目を拾います。

❷糸をかけて引き出します。

❸かぎ針にかかっている左側のループを真ん中のループにくぐらせます。

❹くぐらせているところ。

❺くぐらせたところ。

❻糸をかけて矢印のように引き出します。

❼糸をかけて引き抜きます。

❽ヘリンボーン長編みが1目編めました。

細編み ◁=糸を切る

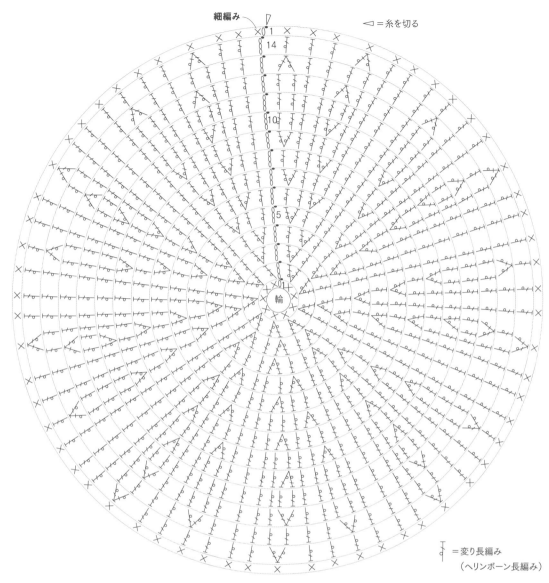

┬ =変り長編み
(ヘリンボーン長編み)

	段数	目数	
細編み	15	63	
変り長編み	14	63	−9目
	13	72	−9目
	12	81	−9目
	11	90	
	10	90	+9目
	9	81	+9目
	8	72	+9目
	7	63	+9目
	6	54	+9目
	5	45	+9目
	4	36	+9目
	3	27	+9目
	2	18	+9目
細編み	1	9	

スレッドコード

❶糸端を編みたい長さの約3倍残し、鎖編みの作り目(p.76参照)を編みます。糸端をかぎ針の手前から向う側にかけます。

❷針先に糸をかけて糸端も一緒に引き抜きます(鎖編み)。

❸1目編めました。次の目も糸端を手前から向う側にかけて一緒に引き抜いて鎖編みを編みます。繰り返して編み、編終りは鎖目を引き抜きます。

page » 09

ワンハンドルバッグ

[糸]　パピー ブリティッシュエロイカ
　　　　ダークレッド(116)230ｇ
[用具]　7/0号かぎ針
[ゲージ]　模様編みA　20目11段が10cm四方
[サイズ]　幅33cm、深さ24cm
[編み方]　糸は1本どりで編みます。
側面は鎖編みの作り目をして編み始めます。1段めは鎖半目と裏山を拾って編みます。反対側は鎖半目を拾って編みます。模様編みAで増しながら編みます。側面の1枚めは18段編めたら、糸を切ります。2枚めは、糸を切らずに1枚めの側面と中表に合わせ、2枚一緒に拾って鎖はぎをし、表に返します。持ち手は、指定の位置に糸をつけて模様編みBで編みます。編終り側を指定の位置に巻きかがりで合わせます。

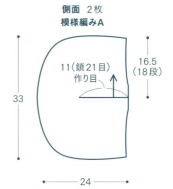

側面を2枚編む。
2枚めは、糸を切らずに残しておく

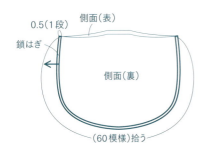

側面2枚を中表にし、残しておいた糸で鎖はぎで合わせる(細編みは2枚一緒に拾って編む)

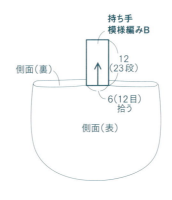

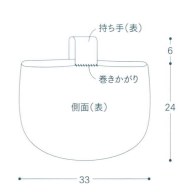

細編みの交差編み

❶立上りの鎖1目を編み、1目とばして針を入れ、細編みを編みます。

❷❶でとばした目に針を入れます。

❸糸をかけて引き出し、細編みを編みます。

❹細編みの交差編みが編めました。

❺❷〜❹を繰り返します。

❻編み図どおり編み進みます。

42

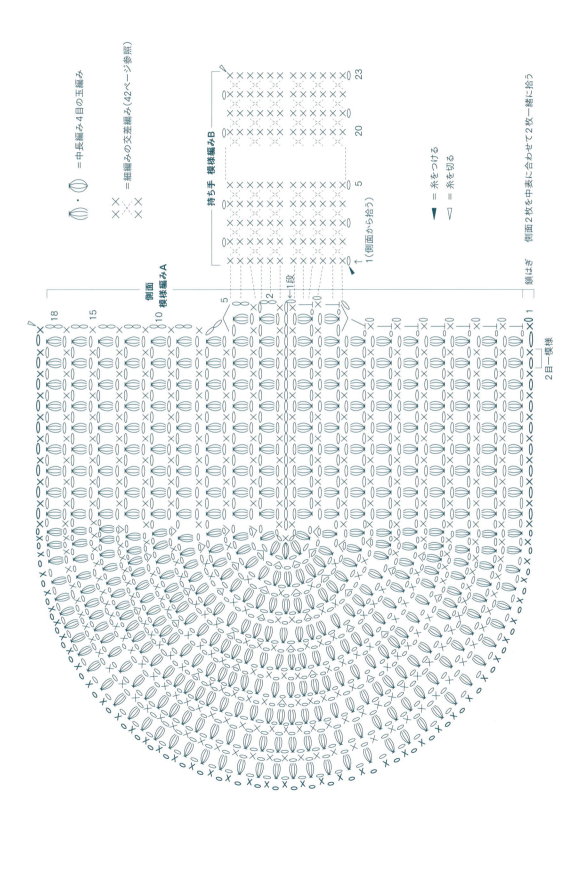

4色づかいの模様編みキャップ

[糸] DARUMA シェットランドウール
　　　紺(5)30g、白(1)23g、
　　　マスタード(6)・ブルーグリーン(7)各8g
[用具] 5/0号、7/0号かぎ針
[ゲージ] 模様編み(縞) 21.5目13.5段が10cm四方
[サイズ] 頭回り56cm、深さ21cm
[編み方] 糸は1本どりで、指定の配色で編みます。
伸縮性のある作り目(p.32参照)で作り目をし、最初の目に引き抜いて輪にします(ここでは作り目を段数に数えません)。白と紺は最後まで糸を切らずに編みます。ブルーグリーンとマスタードは毎段糸を切ります。最後まで編んだら、糸端を30cmくらい残して切り、最終段の中長編みの頭に糸を通して絞ります。ポンポンを作り、トップにつけます。
[編み方の注意点]
作り目と1、2段めは5/0号針、3段め以降は7/0号針で編みます。段の終りの引抜き編みは、次段の色の糸に替えて編みます。13〜15段めは、長編みをゆったり編み、編み地がつれないようにします。

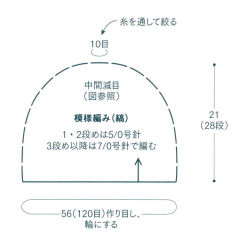

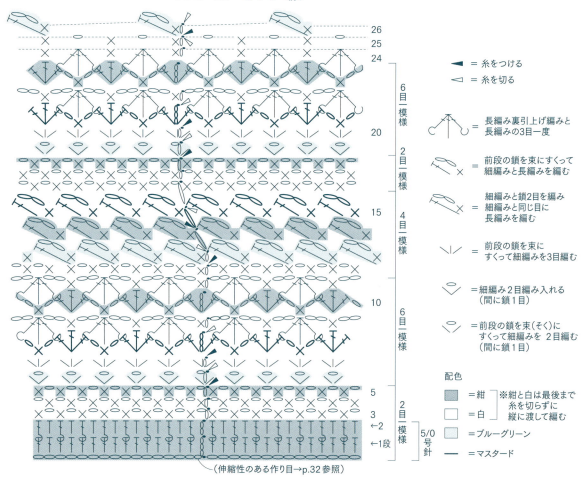

模様編み(縞)　45ページへ続く

page » 12

モヘアの包み編みカウル

[糸] ハマナカ ドゥー！　ベージュ(9)30ｇ、
　　　 ソノモノヘアリー　オフホワイト(121)25ｇ
[用具] 6/0号かぎ針
[ゲージ] 模様編み　18目11.5段が10cm四方
[サイズ] 幅33cm、長さ19cm
[編み方] 糸は1本どりで編みます。
☆編み方ポイントはp.35にあります。

細糸で鎖編みの作り目をして編み始め、最初の目に引き抜いて輪にします。1段めは鎖の裏山を拾って編みます。太糸を上にのせて編みくるみながら細編みを編みます。糸は切らずに、22段(または細糸を1玉編み切るところまで)編みます。

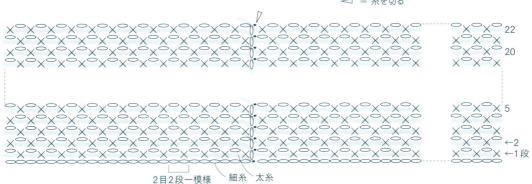

太糸＝ハマナカ ドゥー！
細糸＝ソノモノヘアリー

4色づかいの模様編みキャップの続き

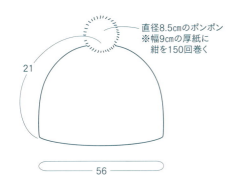

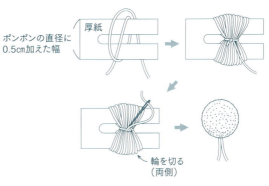

ポンポンの作り方

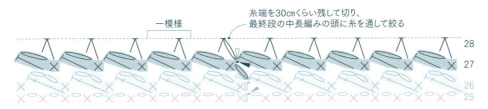

模様編み(縞)

ハニカム模様のショルダーバッグ

- [糸] ハマナカ アランツィード 生成り(1)235g
- [用具] 7/0号かぎ針
- [ゲージ] 模様編み 17.5目9.5段が10cm四方
- [サイズ] 幅32cm、深さ30.5cm
- [編み方] 糸は1本どりで編みます。

鎖編みの作り目をして編み始めます。1段めは鎖半目と裏山を拾って編みます。反対側は鎖半目を拾って編みます。底は長編み、側面は模様編みでぐるぐる編みます。最後の2段は筋編みで編みます。持ち手を編み、側面の裏側にまつります。

模様編み

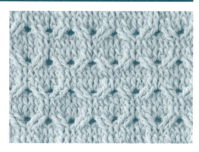

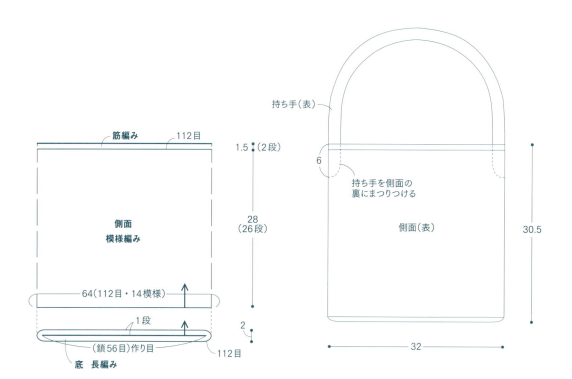

 =長々編み表引上げ編みの左上交差

 =長々編み表引上げ編みの右上交差

 =細編み2目編み入れる（間に鎖1目）

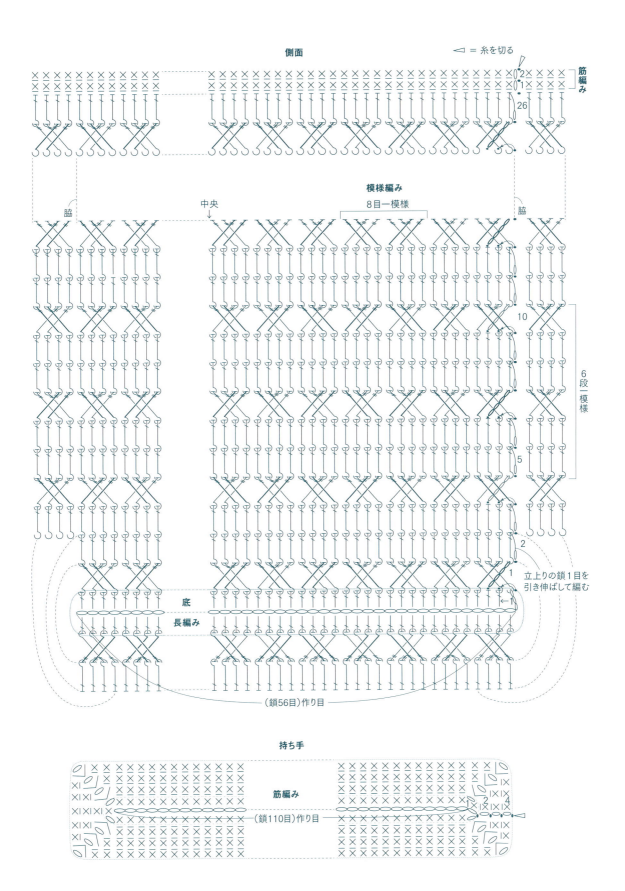

page » 13

刺繡飾りのミトン

模様編みBと刺繡

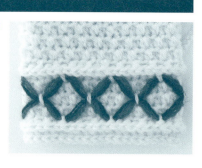

[糸]　パピー ブリティッシュファイン
　　　　オフホワイト(001)75ｇ、
　　　　濃紺(003)・ダークレッド(013)各2ｇ
[用具]　6/0号かぎ針
[ゲージ]　模様編みA　21目13段が10cm四方
[サイズ]　てのひら回り20cm、長さ20cm
[編み方]　糸は2本どりで編みます。

輪の作り目で編み始め、模様編みAで編みます。増し目をしながら6段め編みます。7段め以降は増減なく編みます。18段めで親指穴をあけ、最終段まで編みます。親指は、指定の位置から拾い目をして模様編みAで編みます。糸端を20cmくらい残して切り、最終段の中長編みの頭に糸を通して絞ります。編み図どおり、左右対称に編みます。模様編みBの指定位置に刺繡をします。飾りを作り、指定の位置に差し込み、編み地の裏側でとめます。

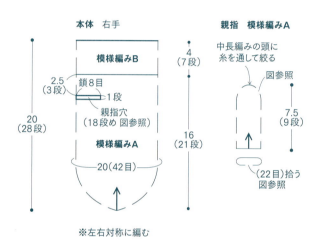

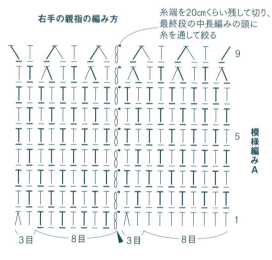

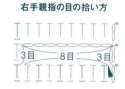

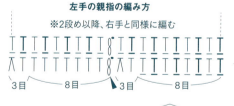

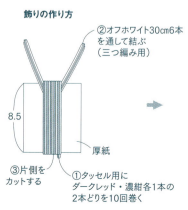

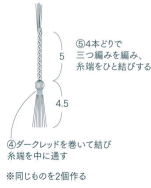

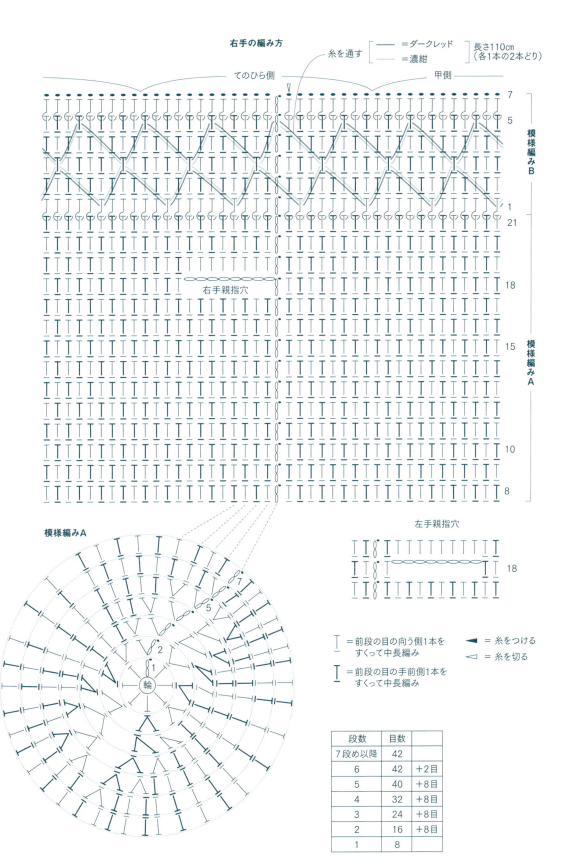

冬のかごバッグ

- [糸] DARUMA クラシックツイード　茶色(6)240ｇ
  　　　 ミンクタッチファー　こげ茶(2)1個
- [用具] 8/0号、8ミリかぎ針
- [ゲージ] 模様編み　15目6.5段が10cm四方
- [サイズ] 幅30cm、深さ20cm、まち10cm
- [編み方] 糸は1本どりで編みます。

鎖編みの作り目をして底から編み始めます。1段めは鎖の半目と裏山を拾って編みます。反対側は鎖半目を拾って編みます。底は2枚編みます。1枚めは6段めまで編めたら糸を切ります。2枚めは糸を切らずに休めます。底2枚にスチームアイロンを当てて形を整え、図のように外表に合わせます。休めておいた糸で2枚一緒に拾って7段めを編みます。側面の模様編みを編みます。縁編みは、側面から拾って編みます。持ち手を2本編み、側面の裏側にまつります。

模様編み

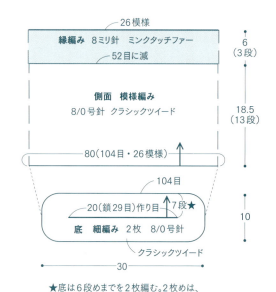

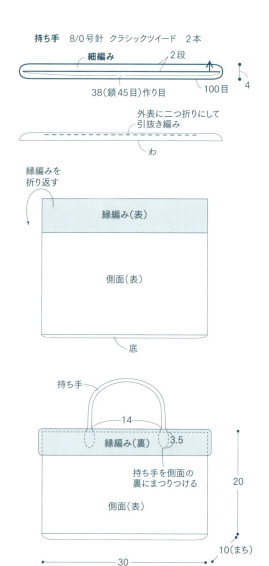

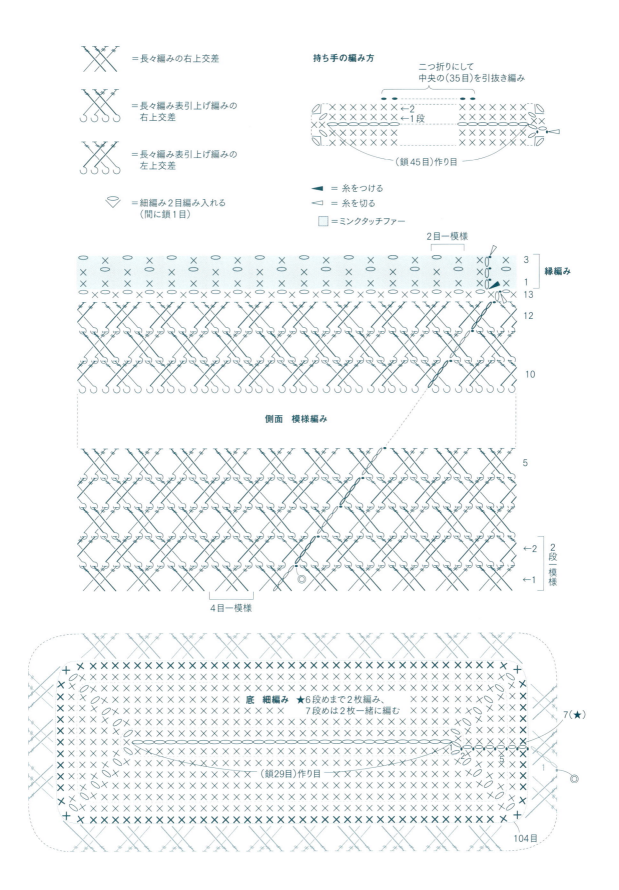

page » 15

フリンジつきショール

リング模様編み

- [糸]　パピー ブリティッシュファイン
　　　　ブルーグレー(064)160g
- [用具]　6/0号かぎ針、はがき大の厚紙
- [ゲージ]　長編み　20目10段が10cm四方
　　　　リング模様編み　20目が10cm、一模様4段が6cm
- [サイズ]　幅28cm、長さ180cm(フリンジを除く)
- [編み方]　糸は1本どりで編みます。

☆リング模様編みの編み方ポイントはp.36にあります。
鎖編みの作り目をして編み始めます。1段めは鎖半目と裏山を拾って編みます。指定の位置で増しながら、長編み、リング模様編み、縁編みを編みます。フリンジの糸をカットして、縁編みにつけます。

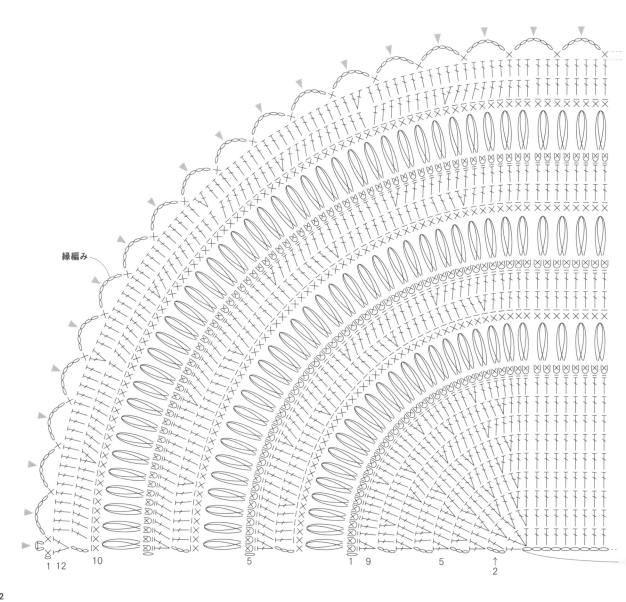

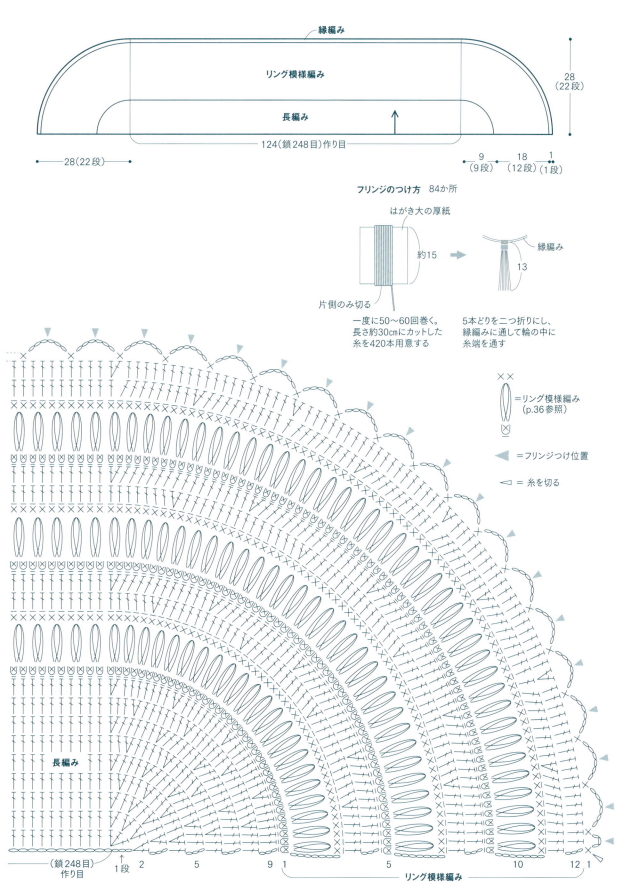

page » 16

ビーズ編みポーチ

- [糸]　パピー ブリティッシュファイン　マスタード(065)23ｇ
- [用具]　4/0号かぎ針、ビーズ通し(KAWAGUCHI)
- [その他]　TOHO　丸大ビーズ　ゴールド(B-22F)945個
- [ゲージ]　模様編み　3.7模様14.5段が10㎝四方
- [サイズ]　幅13.5㎝、深さ10㎝
- [編み方]　糸は1本どりで編みます。

☆ビーズ編みのポイントはp.34にあります。

ビーズは糸に必要量の半分くらい通しておきます。鎖編みの作り目をして編み始めます。1段めの細編みは、鎖の半目と裏山を拾って編み、反対側は鎖半目を拾います。筒状に模様編みを編みます。ビーズを編み込む位置で、1個ずつ引き寄せて編みます。編み地を裏返します。くるみボタンを編み、指定の位置につけます。ボタンループを編みつけます。

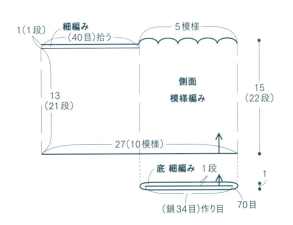

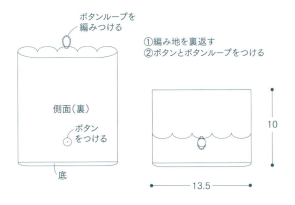

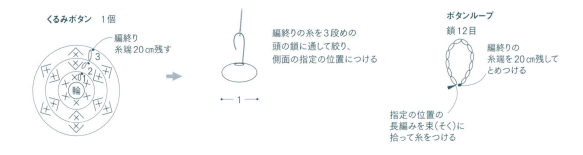

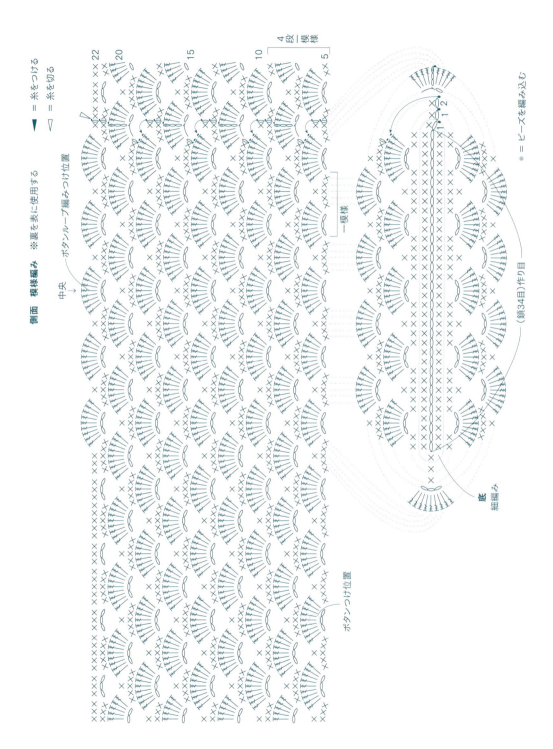

page » 17（左）

ビーズ編みリストウォーマー

- [糸] ハマナカ アルパカモヘアフィーヌ 灰味紫(22)13g
- [用具] 4/0号かぎ針、ビーズ通し(KAWAGUCHI)
- [その他] TOHO 丸大ビーズ シルバー(B-21F)480個
- [ゲージ] 模様編み 25目が10cm、17段が7cm
- [サイズ] 手首回り19cm、長さ7cm
- [編み方] 糸は1本どりで編みます。

ビーズは糸に必要量通しておきます(p.34参照)。伸縮性のある作り目(p.32参照)で48目作り、最初の目に引き抜いて輪にします(ここでは作り目を段数に数えません)。ビーズを編み込む位置で、1個ずつ引き寄せて筋編みを編みます(p.34参照)。ビーズは編み地の裏側に出るので、編み地の裏側を表に使用します。

■ = ビーズを編み込む   ◁ = 糸を切る

page » 17（右）

ビーズ編みブレスレット

a＝ベージュ b＝淡い紫 指定以外は共通

- [糸] ハマナカ アルパカモヘアフィーヌ
  - a：ベージュ(2) b：淡い紫(9) 各3g
- [用具] 4/0号かぎ針、ビーズ通し(KAWAGUCHI)
- [その他] TOHO 丸大ビーズ
  - a：ゴールド(B-22F)
  - b：シルバー(B-21F) 各144個
- [ゲージ] 模様編み 24目が10cm、4段が2.5cm
- [サイズ] 手首回り20cm、幅1.5cm
- [編み方] 糸は1本どりで編みます。

ビーズは糸に必要量通しておきます(p.34参照)。伸縮性のある作り目(p.32参照)で48目作り、最初の目に引き抜いて輪にします(ここでは作り目を段数に数えません)。ビーズを編み込む位置で、1個ずつ引き寄せて中長編みを編みます(p.34参照)。ビーズは編み地の裏側に出るので、編み地の裏側を表に使用します。

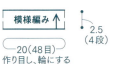

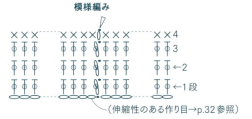

○ = ビーズを編み込む   ◁ = 糸を切る

page » 18

アシンメトリーなショール

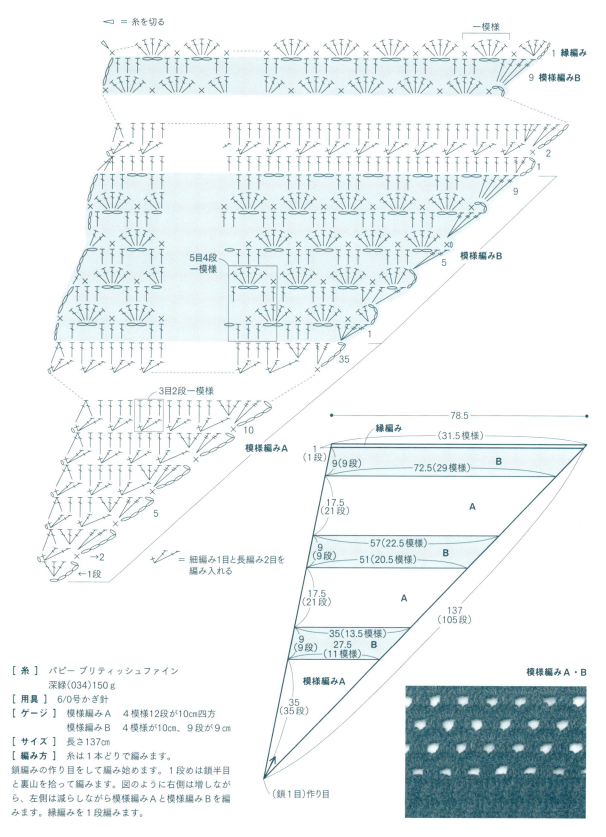

模様編みA・B

[糸] パピー ブリティッシュファイン
　　　　深緑(034)150g
[用具] 6/0号かぎ針
[ゲージ] 模様編みA　4模様12段が10cm四方
　　　　　模様編みB　4模様が10cm、9段が9cm
[サイズ] 長さ137cm
[編み方] 糸は1本どりで編みます。
鎖編みの作り目をして編み始めます。1段めは鎖半目と裏山を拾って編みます。図のように右側は増しながら、左側は減らしながら模様編みAと模様編みBを編みます。縁編みを1段編みます。

page » 19

編込みトートバッグ

[糸]　パピー ブリティッシュエロイカ　濃紺(102)180ｇ、
　　　　薄紫(188)95ｇ、生成り(134)20ｇ、赤紫(183)16ｇ、
　　　　ターコイズブルー(207)8ｇ
[用具]　7/0号かぎ針
[その他]　トグルボタン　幅5.5㎝　1個
[ゲージ]　細編みの編込み模様　20目15.5段が10㎝四方
[サイズ]　幅32㎝、深さ30㎝
[編み方]　糸は1本どりで、指定の配色で編みます。

底の中央から、輪の作り目で編み始めます。2段めから薄紫を編みくるみながら細編みで編みます(p.35参照)。増しながら編みます。側面は、細編みの編込み模様で編みます。編まない糸は編みくるみます。1色で編む段は、指定の色を編みくるみます。持ち手を2本編み、側面につけます。トグルボタンをつけます。スレッドコード(p.41参照)でひもを編みます。二つ折りにし、側面中央の最終段にとじつけます。ボタンの大きさに合わせてひと結びし、ボタンにかけます。

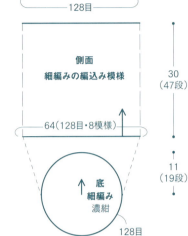

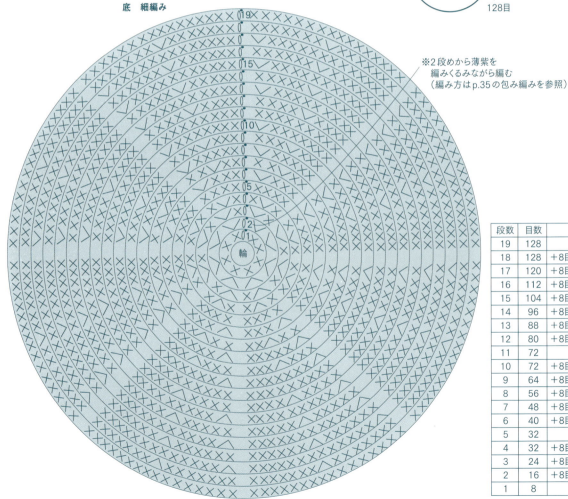

※2段めから薄紫を
編みくるみながら編む
（編み方はp.35の包み編みを参照）

段数	目数	
19	128	
18	128	+8目
17	120	+8目
16	112	+8目
15	104	+8目
14	96	+8目
13	88	+8目
12	80	+8目
11	72	
10	72	+8目
9	64	+8目
8	56	+8目
7	48	+8目
6	40	+8目
5	32	
4	32	+8目
3	24	+8目
2	16	+8目
1	8	

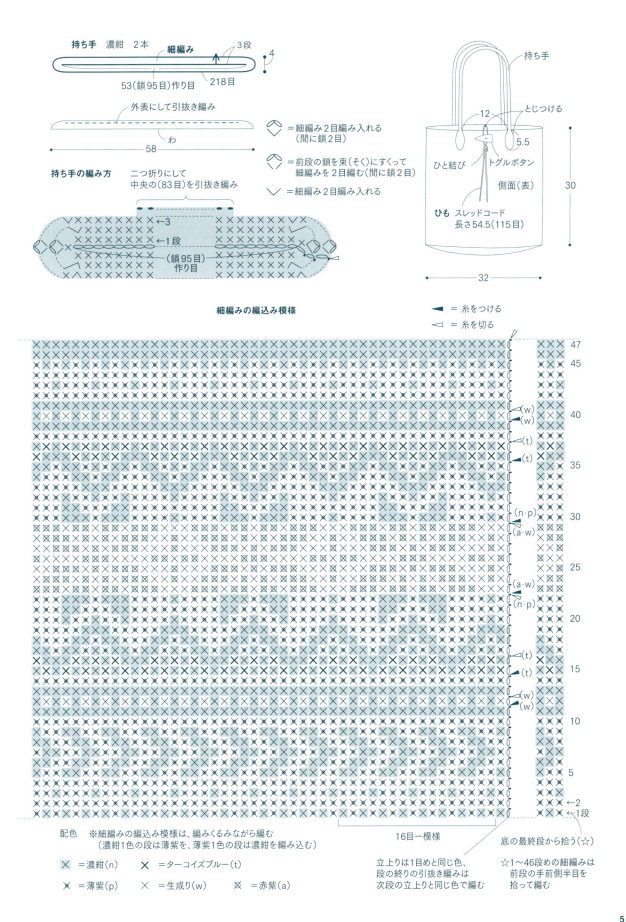

page » 21

アラン模様のブランケット

[糸] ハマナカ ソノモノアルパカウール　生成り(41)800ｇ
[用具] 8/0号かぎ針
[ゲージ] 模様編みA～E・長編み　15目が10cm
　　　　　A 5段が3.5cm、B 10段が7.5cm、C 4段が2.5cm、
　　　　　D 14段が8.5cm、E 13段が10cm、長編み1段が1cm
[サイズ] 幅71.5cm、長さ100cm
[編み方] 糸は1本どりで編みます。
鎖編みの作り目をして編み始めます。1段めは鎖半目と裏山を拾って編みます。模様編みA～E、長編みで104段編みます。周囲に縁編みを1段編みます。縁編みの表示の目数は目安です。編み地の縁を整えるように拾い目をして、細編みと鎖編みを1周編みます。

模様編みD

模様編みB

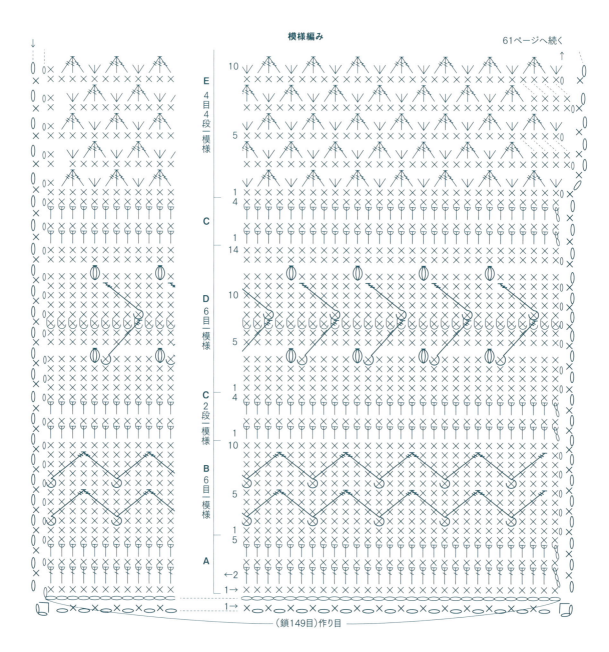

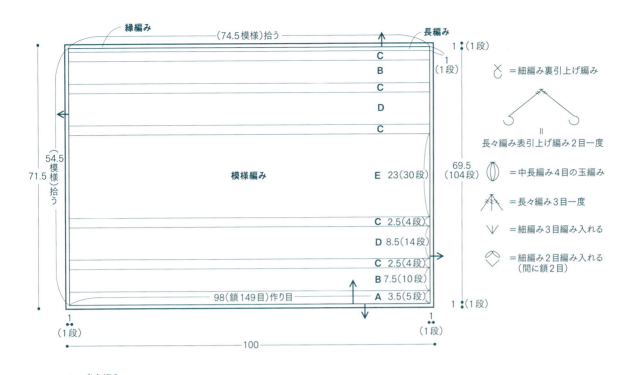

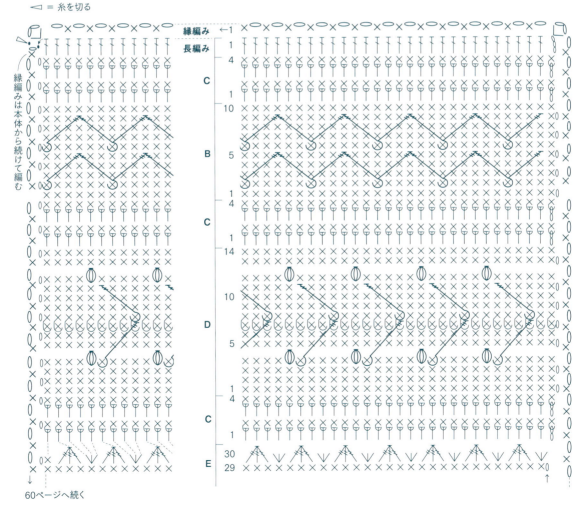

page » 22

パイナップルレースのショール

縁編み

[糸] パピー ブリティッシュファイン 紺(005)100g、
薄いベージュ(021)62g
[用具] 6/0号かぎ針
[ゲージ] 模様編み(縞) 18.5目が10cm、6段(一模様)が5.5cm
縁編み 10目一模様が5.5cm、7段が9cm
[サイズ] 幅49cm、長さ148cm
[編み方] 糸は1本どりで、指定の配色で編みます。
鎖編みの作り目を編み、最初の目に引き抜いて輪にします。1段め
は輪の中にかぎ針を入れて編みます。模様編み(縞)で両端と中央で
増しながら編みます。縁編みを7段編みます。

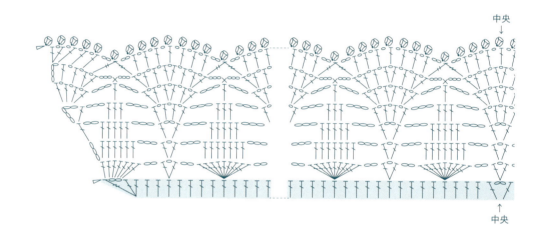

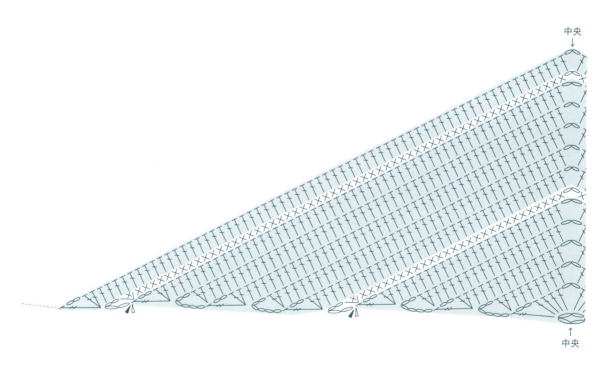

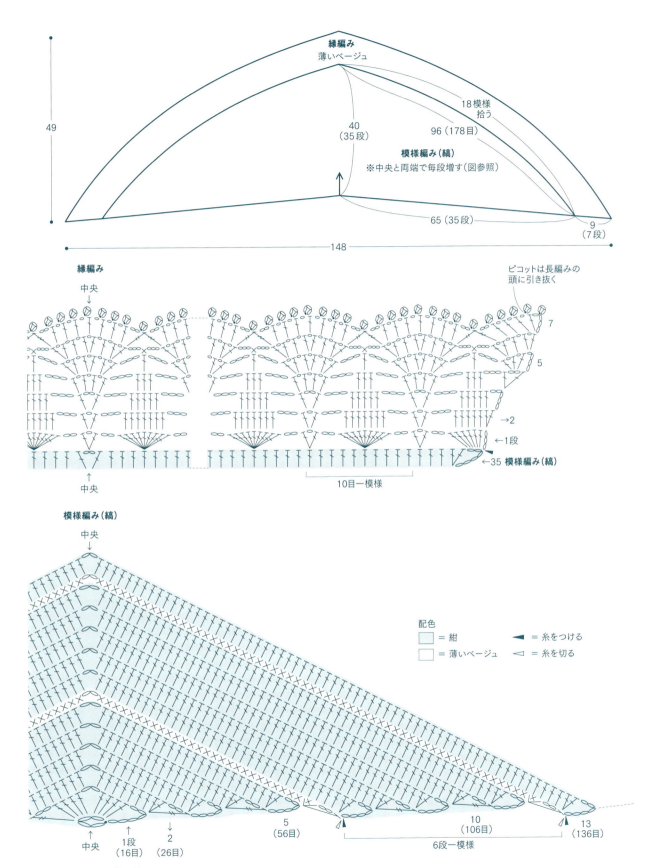

page » 23

モカシンルームシューズ

※指定以外は、M・L共通
[糸] パピー ブリティッシュエロイカ
　　　Mサイズ：ブルーグレー(178)80g
　　　Lサイズ：グレー(120)90g
[用具] 7/0号かぎ針
[その他] スエードテープ（3mm幅）
　　　M：黒70cmを2本　L：白70cmを2本
[ゲージ] 長編み 17目13段が10cm四方
[サイズ] 底丈　M＝22.5cm　L＝24cm

[編み方] 糸は1本どりで編みます。
鎖編みの作り目をして、つま先から編み始めます。1段めは鎖の半目と裏山を拾って編み、反対側は鎖半目を拾います。2段めの甲側は裏引上げ編みで編みます。増しながら10段めまで輪に編みます。Mサイズはそのままの目数で8段編み、Lサイズは増し目をして往復に10段編みます。最終段は、かかと側で図のように減し目をします。編終りの目を中表にし、引抜きはぎで合わせます。スエードテープを指定の位置に通します。
☆左右同様に編みます。

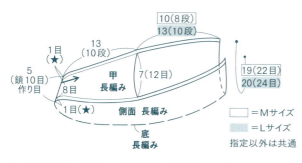

★＝長編み3目の玉編みの表引上げ編み（記号図と下写真参照）

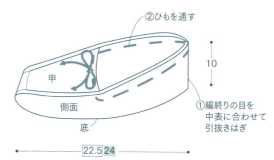

※左右同様に編む

長編み3目の玉編みの表引上げ編み

❶立上りの鎖1目を編み、かぎ針にかかっている目を引き伸ばします。

❷糸をかけて、前段の玉編みをすくいます。

❸糸をかけて引き出し、未完成の長編みを編みます。

❹同様にすくって、未完成の長編みを2目編みます。

❺糸をかけて、かぎ針にかかっている3ループを一度に引き抜きます。

❻長編み3目の玉編みの表引上げ編みが編めました。

❼編み図どおり編み進みます。

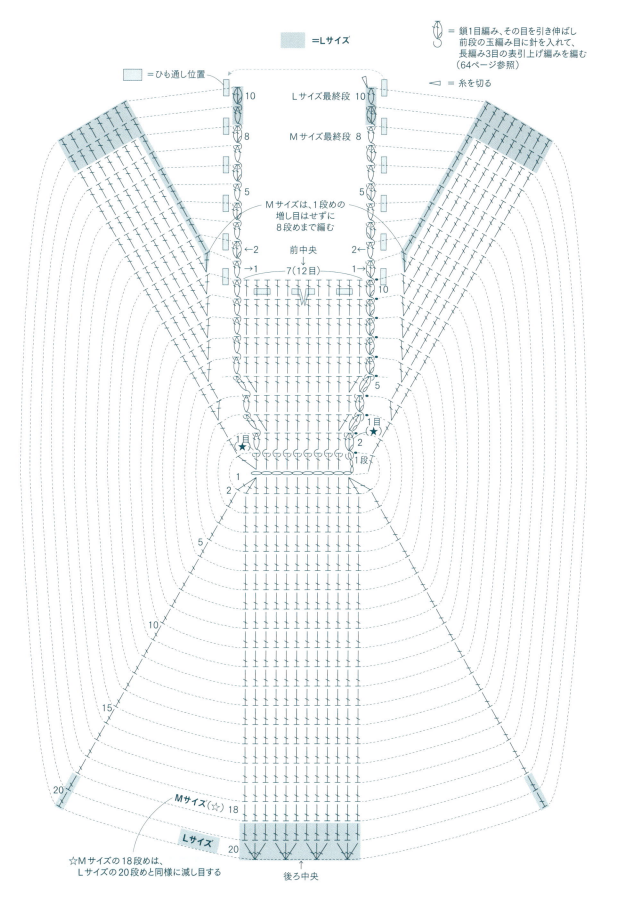

page » 24

ボアつきルームブーツ

[糸] DARUMA ウールロービング　ブラウン(3)180g、
　　　　ビッグモールミスト　オフホワイト(1)40g
[用具] 10/0号かぎ針
[ゲージ] 細編み(ウールロービング2本どり)
　　　　10目9段が10cm四方
[サイズ] 底丈25cm、深さ12.5cm
[編み方]　糸は底・側面はウールロービング2本どり、足首はビッグモールミスト1本どりで編みます。
鎖編みの作り目をして底から編み始めます。1段めは鎖の半目と裏山を拾って編みます。反対側は鎖半目を拾って編みます。図のように増減しながら編みます。側面の1段めは筋編みで編みます。足首は細編みで増減しながら編みます。
☆左右同様に編みます。

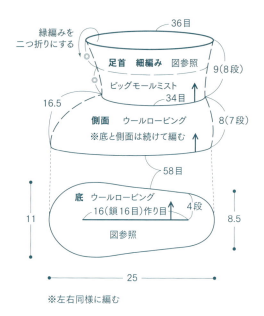

底・側面の編み方

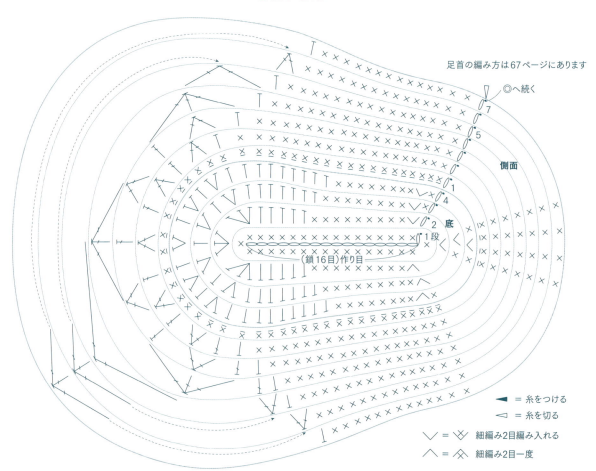

page » 26・27

ワンウェイソックス

A：p.26・p.27(左)　B：p.27(右)　※指定以外はA・B共通
[糸]　ハマナカ コロポックル
　　　　A：からし色(5)・えんじ(8)　各98g
　　　　B：ベージュ(2)96g
[用具]　5/0号かぎ針
[ゲージ]　A：模様編みA・B　22目21段が10cm四方
　　　　　　B：模様編みA　22目17段が10cm四方
[サイズ]　底丈20cm、足首回り22cm、長さA：13cm　B：17.5cm
[編み方]　糸は1本どりで編みます。
輪の作り目をして、つま先から編み始めます。長編みで増しながら5段めまで編みます。甲・底は模様編みで編みます。かかとは増減しながら図のように編みます。足首は増減なく編みます。
☆左右同様に編みます。

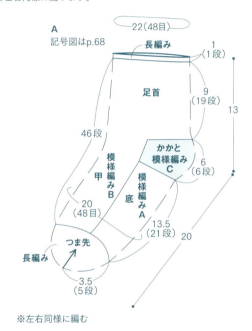

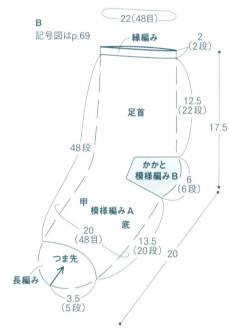

ボアつきルームブーツの続き

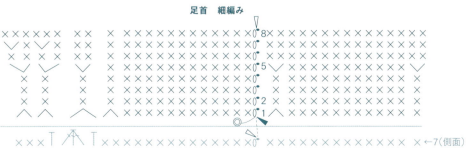

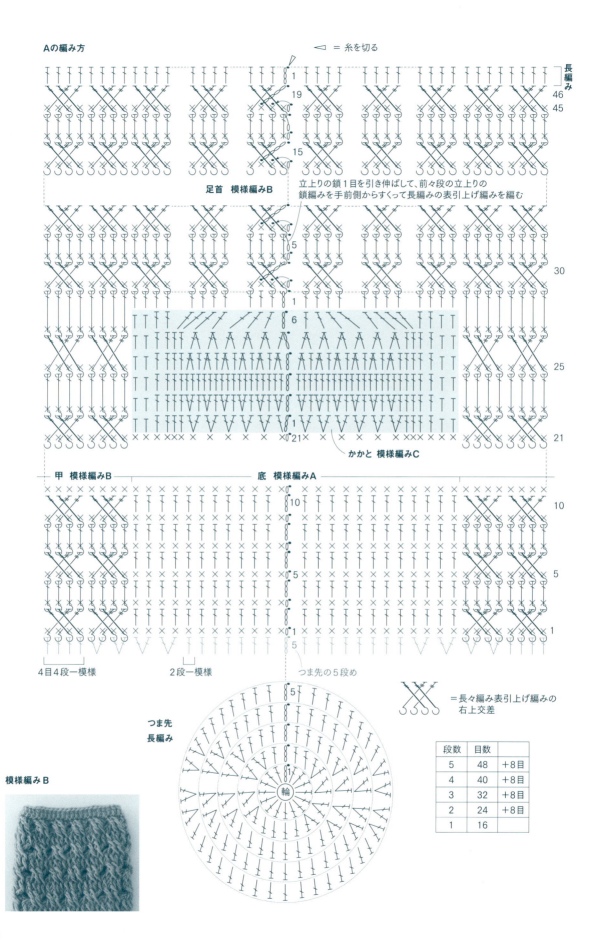

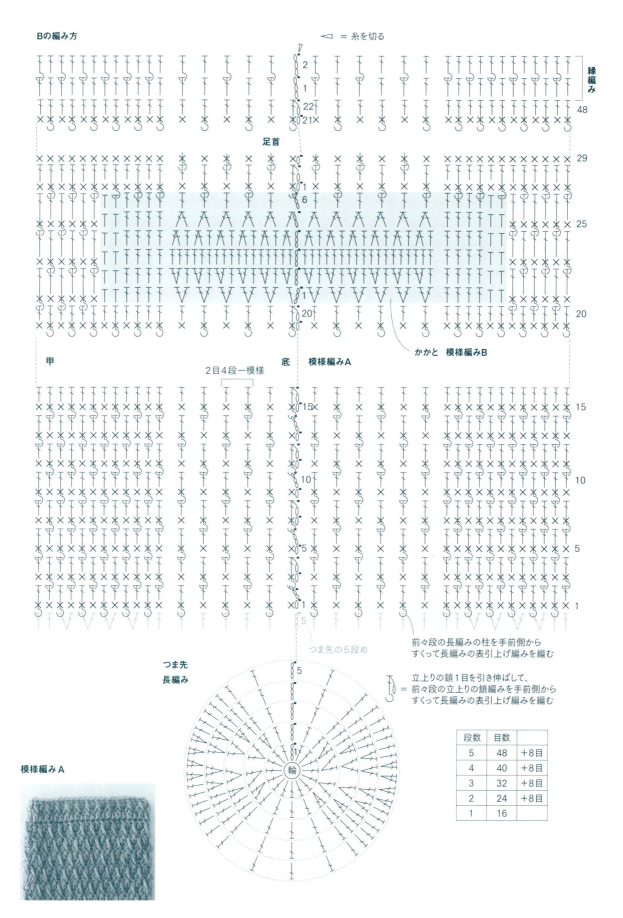

page » 25

スパイラルティーコゼー

[糸]　DARUMA メリノスタイル　並太
　　　　ダークブルー(14)90ｇ、生成り(1)12ｇ
[用具]　7/0号かぎ針
[ゲージ]　模様編み　18目13.5段が10cm四方
[サイズ]　図参照
[編み方]　糸は1本どりで編みます。
鎖編みの作り目で編み始めます。模様編みで右側を増しながら、左側を減らしながら編みます。同じものを2枚編みます。合い印どうし外表に合わせ、あき口を作りながら、引抜き編みではぎ合わせます。ポンポンを作って、てっぺんにつけます。

[サイズ調整のしかた]
手持ちのポットのサイズに合わせるには、メジャーをポットに、たすきがけのように斜めに当て、ポットの底からてっぺんまで届く長さを決めます。これが作り目の幅になります。ゲージを計算して作り目数を割り出し、ポットの半身分の段数まで編みます。同じものを2枚編み、注ぎ口と持ち手の位置に合わせてあき口を作りながら引抜き編みをします。

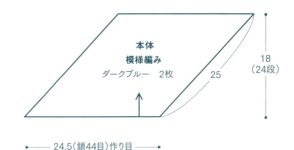

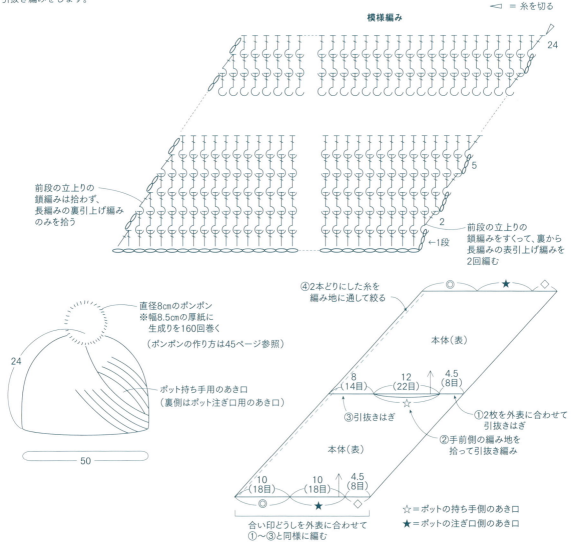

リーフ模様のレッグウォーマー

[糸]　DARUMA シェットランドウール　マスタード(6)150 g
[用具]　6/0号かぎ針
[ゲージ]　模様編み　20目11段が10cm四方
[サイズ]　足回り30cm、長さ32cm
[編み方]　糸は1本どりで編みます。
伸縮性のある作り目(p.32参照)で作り目をし、最初の目に引き抜いて輪にします(ここでは作り目を段数に数えません)。
☆左右同様に編みます。

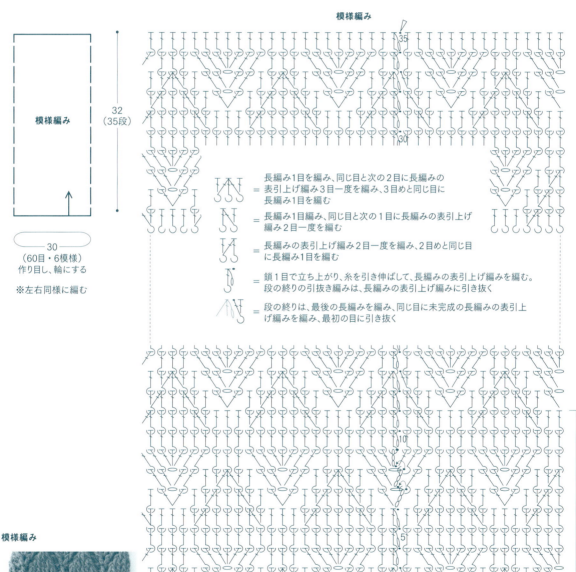

模様編み

= 長編み1目を編み、同じ目と次の2目に長編みの表引上げ編み3目一度を編み、3目めと同じ目に長編み1目を編む

= 長編み1目を編み、同じ目と次の1目に長編みの表引上げ編み2目一度を編む

= 長編みの表引上げ編み2目一度を編み、2目めと同じ目に長編み1目を編む

= 鎖1目で立ち上がり、糸を引き伸ばして、長編みの表引上げ編みを編む。段の終りの引抜き編みは、長編みの表引上げ編みに引き抜く

= 段の終りは、最後の長編みを編み、同じ目に未完成の長編みの表引上げ編みを編み、最初の目に引き抜く

32(35段)

30(60目・6模様)
作り目し、輪にする

※左右同様に編む

10段一模様

10目一模様

(伸縮性のある作り目→p.32参照)

模様編み

キリム柄の湯たんぽカバー

A（カバー）：モノトーン　**B**（p.29）：レンガ色
※指定以外 **A**・**B** 共通
[糸] パピー ブリティッシュエロイカ
　　A：チャコールグレー(159)49g、
　　　　グレーとベージュのミックス(173)48g、
　　　　生成り(134)45g
　　B：生成り(134)49g、レンガ色(201)48g、
　　　　ブルーグレー(178)45g
[その他] 丸ひも(2mm幅・白)1mを2本
　　　　湯たんぽ(幅19cm、縦32cm、厚み6cm)

[用具] 7/0号かぎ針
[ゲージ] 編込み模様　16.5目9段が10cm四方
[サイズ] 幅22cm、深さ35cm
[編み方] 糸は1本どりで、指定の配色で編みます。
鎖編みの作り目をして編み始めます。1段めは鎖の半目と裏山を拾って編み、反対側は鎖半目を拾います。底は細編みで増しながら編みます。側面は、編込み模様を編まない糸を編みくるみながら増減なく編みます。縁編みの2段めにひも通し穴を作ります。ひもを両側から通します。

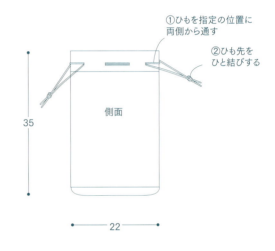

編込み模様（渡す糸を編みくるむ方法）

❶配色糸に替える手前の目を引き抜くときに、地糸を休ませ、配色糸をかけて引き抜きます。

❷立上りの鎖3目を編み、針に糸をかけて、地糸を編みくるむように、長編みを編みます。

❸地糸に替える手前の目を引き抜くときに、編みくるんだ地糸を針にかけます。

[編み方の注意点]
編込み模様は、糸を編みくるみながら編みますが a 色のみ縦に糸を渡しながら、最後まで糸を切らずに編みます。それ以外の糸は、その都度切りながら編みます。

❹地糸で引き抜きます。

❺編まない糸を編みくるみながら、長編み3目一度を編み、引き抜くときに配色糸をかけます。

❻配色糸で引き抜きます。編み図どおり編み進みます。

配色

		A（モノトーン）	B（レンガ色）
a色	—	チャコールグレー	生成り
b色		グレーとベージュのミックス	レンガ色
c色		生成り	ブルーグレー

◀ = 糸をつける
◁ = 糸を切る

※ = 裏で長く渡る糸を途中で押さえるため指定の2か所でa色を編みくるむように引抜き編みをする

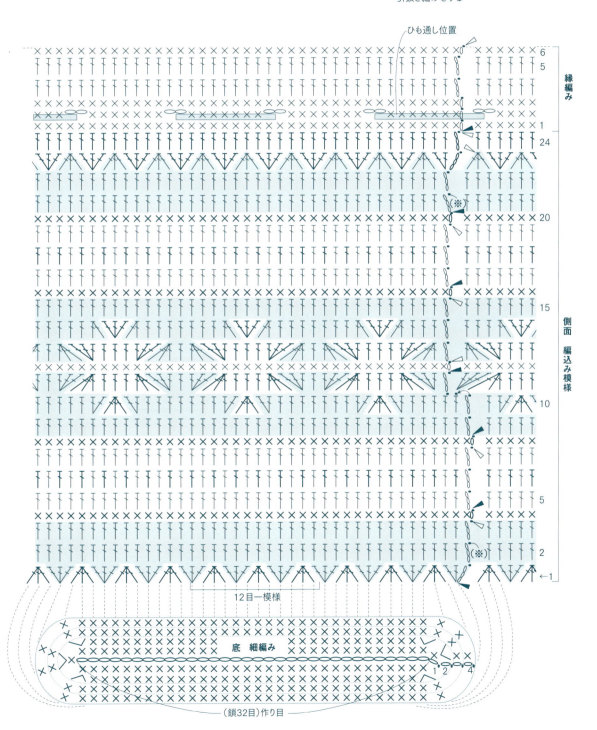

page » 30

モチーフつなぎのブランケット

[糸] パピー ブリティッシュエロイカ　ブラウン(192)250 g、
　　　　ダークレッド(116)180 g、
　　　　薄いグレーのミックス(200)135 g、
　　　　レンガ色(201)・ベージュ(143)各120 g
[用具] 8/0号かぎ針
[ゲージ] 模様編み(縞)　10模様が10cm四方、
　　　　　縁編み(縞)　4.5模様が10cm　7段が8cm
[サイズ] 96×96cm
[編み方] 糸は1本どりで、指定の配色で編みます。
モチーフは模様編み(縞)で編みます。★印の色の糸に替えるときは、編始めの糸端を各30cm残しておきます。モチーフは同じものを4枚編みます。モチーフ4枚の編始め側を中心に、最終段が表になるように置きます。残しておいた糸端を利用して、同色どうしを巻きかがりで合わせます。縁編み(縞)は、角で増しながら7段編みます。

模様編み(縞)の配色

1～6段め	レンガ色(201)★
7～12段め	ベージュ(143)★
13～18段め	ブラウン(192)★
19～21段め	ダークレッド(116)★
22～27段め	薄いグレーのミックス(200)
28～33段め	レンガ色(201)
34～39段め	ベージュ(143)

★配色糸に替えるときは、編始めの糸端を
　約30cm残しておき、巻きかがり用の糸にする

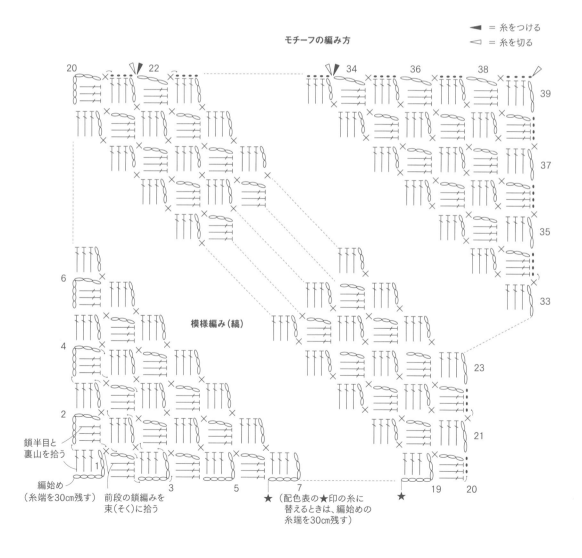

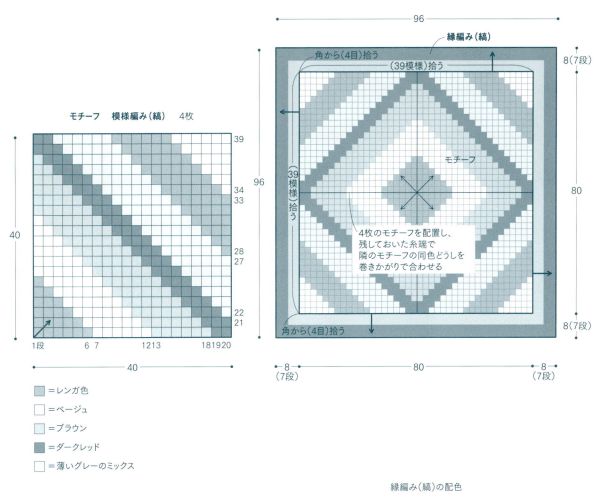

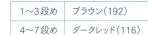

縁編み(縞)の配色

1~3段め	ブラウン(192)
4~7段め	ダークレッド(116)

縁編み(縞)

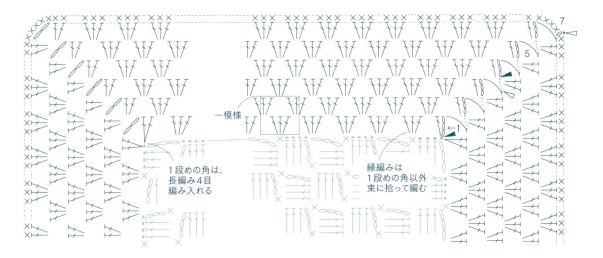

かぎ針編みの基礎

[糸の持ち方]

長いほうの糸を小指側にして、人さし指と小指にかけ、親指と中指で糸端から5～6cmのところを押さえます

[針の持ち方]

針先から4cmくらいのところを親指と人さし指で軽く持ち、次に中指を針の上に添えます

[作り目]

編始めの方法

1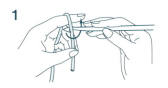
左手にかけた編み糸に針を内側から入れて糸をねじります

2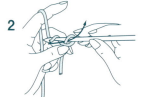
人さし指にかかっている糸を針にかけて引き出します

3
針に糸ををかけて引き出します

4
繰り返して必要目数編みます

5

鎖目からの拾い方

鎖状になっているほうを下に向け、裏山に針を入れます

裏山を拾う

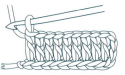
下側に鎖状の目がきれいに並びます

半目と裏山を拾う

2重の輪の作り目

1
指に2回巻きます

2
糸端を手前にして輪の中から糸を引き出します

3
1目編みます。この目は立上りの目の数に入れます

4
1段めを編み入れたら糸端を少し引っ張り、小さくなったほうの輪を引いてさらに糸端を引き、輪を引き締めます

鎖編みの輪の作り目

1
鎖編みを必要目数編み、1目めの鎖半目に針を入れます

2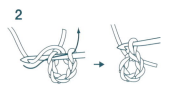
糸をかけて引き出します

76

[編み目記号と編み方]

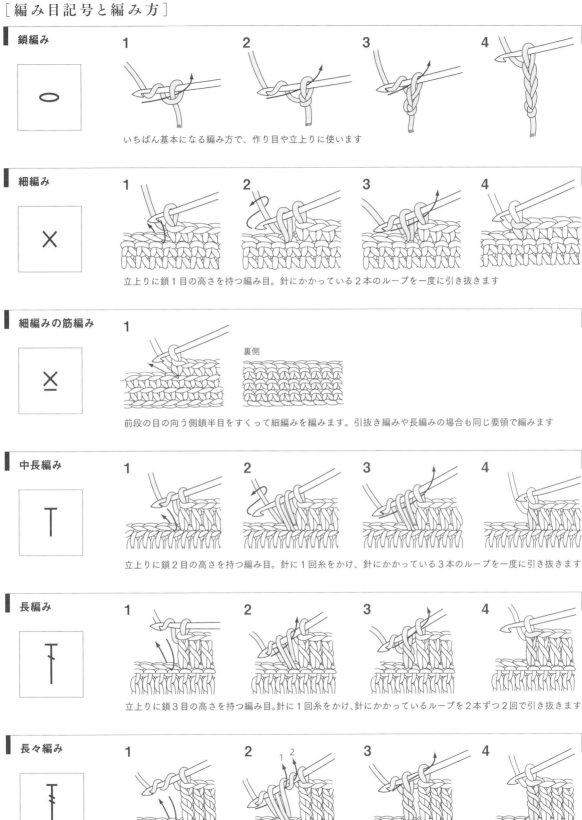

| 引抜き編み | | 1  2  3 |

前段の編み目の頭に針を入れ、糸をかけて一度に引き抜きます

| 細編み2目編み入れる | | 1  2  3 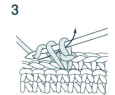 4  |

前段の1目に細編み2目編み入れ、1目増します

| 長編み2目編み入れる | | 1 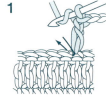 2  3  4 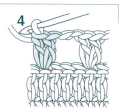 |

前段の1目に長編み2目編み入れ、1目増します
※目数が異なる場合や、中長編み、引上げ編みの場合も同じ要領で編みます

| 細編み2目一度 | | 1 2  3 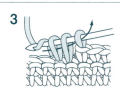 4  |

糸を引き出しただけの未完成の2目を、針に糸をかけて一度に引き抜きます。1目減ります
※目数が異なる場合や、長編みの場合も同じ要領で編みます

| 長編みの表引き上げ編み | | 1  2  3 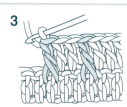 |

前段の柱を手前側からすくい、長めに糸を引き出して長編みと同じ要領で編みます
往復編みで裏側を見ながら編むときは、長編み裏引上げ編みになります

| 長編みの裏引き上げ編み | | 1  2  3  |

前段の柱を裏側からすくい、長めに糸を引き出して長編みと同じ要領で編みます
往復編みで裏側を見ながら編むときは、長編み表引上げ編みになります

中長編み 3目の玉編み	1	2	3	4
	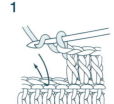			

前段の1目に未完成の中長編みを3目編み、一度に引き抜きます
※目数が異なる場合も同じ要領で編みます

長編み 3目の玉編み	1	2	3	4
			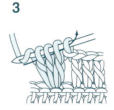	

前段の1目に未完成の長編みを3目編み、一度に引き抜きます
※目数が異なる場合も同じ要領で編みます

ピコット (細編みに 引き抜く場合)	1	2	3	4
	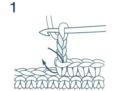			

鎖3目を編み、細編みに編み入れ、針にかかっている3ループを引き抜きます
※長編みに引き抜く場合も同じ要領で編みます

[はぎ方・とじ方]

巻きかがりはぎ

1	2	3
	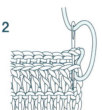	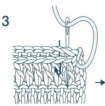 

2枚の編み地を外表に合わせ、鎖目の頭を2本すくってはぎ合わせます

引抜きはぎ

1	2	3
		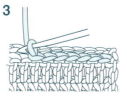

2枚の編み地を中表に合わせ、2枚の目の頭2本ずつを拾って引抜き編みを編みます

根もとがついている場合

前段の1目に全部の目を編み入れます。前段が鎖編みのときは、鎖目の1本と裏山をすくって編みます

根もとがついていない場合
前段が鎖編みのとき、一般的には鎖編みを全部すくって編みます。束(そく)にすくうといいます

デザイン・製作・文

Ronique ［ロニーク］ 福島令子

札幌出身。法政大学法学部卒業。小さいころから母が好きな棒針編みや手芸に親しみながら育つ。子育てを機にかぎ針編みの独習を始める。現在は編み物書へのレシピ提供や、不定期オープンの編み図、キットのオンラインショップ「Ronique」の運営を中心として活動中。2016年よりヴォーグ学園札幌校で講師を務める。手間を省いたパターンと、普段使いしやすいデザインを目指している。

http://www.ronique.net

ブックデザイン ………… knoma
撮影 ……………………… 清水奈緒（カバー・口絵）
……………………… 安田如水（プロセス・文化出版局）
スタイリング ………… 長坂磨莉
ヘア＆メークアップ …… 上川タカエ
モデル ………………… ANGIE
トレース（基礎）………… day studio 大楽里美
DTP ……………………… 文化フォトタイプ（p.37〜75）
校閲 …………………… 向井雅子
編集 …………………… 小林奈緒子
……………………… 三角紗綾子（文化出版局）

［素材提供］
・ダイドーフォワード（パピー）　tel.03-3257-7135
・ハマナカ（ハマナカ）　tel.075-463-5151
・横田（DARUMA）　tel.06-6251-2183
☆材料の表記は2017年9月現在のものです。
☆糸はメーカー側の都合で廃色になることがあります。ご了承ください。

［協力］
・アワビーズ　tel.03-5786-1600
・器　tel.03-6447-0070
・オールドマンズテーラー　tel.0555-22-8040
・グラストンベリーショールーム　tel.03-6231-0213
・ソウス　tel.03-3443-5588
・パラブーツ青山店　tel.03-5766-6688
・マッハ55リミテッド　tel.03-5413-5530
・リーミルズ エージェンシー　tel.03-3473-7007

冬のかぎ針あみこもの

2017年10月2日　第1刷発行
2024年12月20日　第8刷発行
著　者　Ronique［ロニーク］
発行者　清木孝悦
発行所　学校法人文化学園　文化出版局
　　　　〒151-8524　東京都渋谷区代々木3-22-1
　　　　tel.03-3299-2487（編集）　tel.03-3299-2540（営業）
印刷・製本所　株式会社文化カラー印刷

©Reiko Fukushima 2017 Printed in Japan
本書の写真、カット及び内容の無断転載を禁じます。

・本書のコピー、スキャン、デジタル化等の無断複製は著作権法上での例外を除き禁じられています。
　本書を代行業者等の第三者に依頼してスキャンやデジタル化することは、たとえ個人や家庭内での利用でも著作権法違反になります。
・本書で紹介した作品の全部または一部を商品化、複製頒布、及びコンクールなどの応募作品として出品することは禁じられています。
・撮影状況や印刷により、作品の色は実物と多少異なる場合があります。ご了承ください。

文化出版局のホームページ　https://books.bunka.ac.jp/